Fredy NZAMBA

Une mine d'or endormi n'a pas de valeur

AF532344

Fredy NZAMBA

Une mine d'or endormi n'a pas de valeur

Le réveil de la conscience

Éditions Croix du Salut

Imprint
Any brand names and product names mentioned in this book are subject to trademark, brand or patent protection and are trademarks or registered trademarks of their respective holders. The use of brand names, product names, common names, trade names, product descriptions etc. even without a particular marking in this work is in no way to be construed to mean that such names may be regarded as unrestricted in respect of trademark and brand protection legislation and could thus be used by anyone.

Cover image: www.ingimage.com

Publisher:
Éditions Croix du Salut
is a trademark of
Dodo Books Indian Ocean Ltd. and OmniScriptum S.R.L publishing group

120 High Road, East Finchley, London, N2 9ED, United Kingdom
Str. Armeneasca 28/1, office 1, Chisinau MD-2012, Republic of Moldova, Europe
Printed at: see last page
ISBN: 978-620-6-16783-9

Copyright © Fredy NZAMBA
Copyright © 2023 Dodo Books Indian Ocean Ltd. and OmniScriptum S.R.L publishing group

Je suis né au Gabon pour briser les chaînes infernales de l'ignorance auxquelles notre peuple a dû faire face. Et ce pays n'a pas encore gagné un procès chez lui devant les gens qui en font partie. Je ne me reconnais pas grand. Parce qu'il n'y a qu'une seule personne plus grande que le Seigneur Jésus-Christ. Ce n'est nul autre que le Saint-Esprit de Dieu qui m'a envoyé travailler avec l'Esprit pour me guider dans toutes les vérités des Écritures de Dieu le Père Tout-Puissant. Amen. Premièrement, je crois qu'il y a une mine d'or qui sommeille en chacun de nous. Parmi ceux-ci, la luminescence n'a pas été utilisée. Alors, je vais surtout parler d'histoires qui n'ont rien à voir avec les contes de fées. Cette histoire s'adresse particulièrement à un pays qui m'est cher. Mes ancêtres avant moi y sont nés, mes pères y sont nés, j'y suis né, mes enfants et les enfants de mes enfants pour mille générations y naîtront aussi, Dieu le Père Tout-Puissant s'il vous plaît. Si on me demandait avant ma naissance s'il était possible de choisir le pays dans lequel je suis né, je crois que je pourrais écrire une lettre dans mon ventre lui disant de lui donner ce dans quoi je suis né. Je suis là. Né aux États-Unis ou au Canada, mais pas ici. En fait, à certains égards, le rêve canadien ou américain est la vie idéale pour tout homme qui veut réaliser cette naissance.

Acquérir tout ce qui est beau, admirable, sublime et remarquable. D'autre part, les humains sont naturellement attirés par les choses qui attirent notre attention, comme l'or, l'argent, les pierres précieuses et les perles précieuses. Si vous avez cette façon de penser et cette vision de la vie, il est très probable que vous, comme moi, envisagez de naître dans un pays développé. Mais Dieu ne permet pas les caprices humains. Parce qu'ils n'accomplissent pas le plan de Dieu pour votre vie. De plus, être né dans le pays le plus pauvre du monde (je sais que ce n'est pas le cas) et finir dans la famille la plus pauvre de la société, c'est comme être puni deux fois pour le même péché.

Mais Dieu vous a voulu là-bas. Cela peut être déprimant, déconcertant et parfois frustrant, mais au final, vous êtes là. Et vous ne pouvez pas vous soustraire à vos responsabilités maintenant. Parce que dès le premier jour tu as pleuré du ventre de ta mère. De nos ancêtres et de nos pères à nos générations et au-delà, la lutte s'est arrêtée là. Si vous échouez comme les gens avant vous, dites-vous que la succession du pouvoir se poursuivra de génération en génération jusqu'à ce qu'il y ait quelqu'un qui dise qu'un seul suffit ! D'une part, le cycle reste fermé tant que l'ignorance prévaut. Et vous ne pouvez pas vous soustraire à vos responsabilités maintenant. Parce que dès le premier jour tu as pleuré du ventre de ta mère. De nos ancêtres et de nos pères à nos générations et au-delà, la lutte de nos ancêtres s'est arrêtée là. Si vous échouez comme les gens avant vous, dites-vous que la passation de pouvoir se poursuivra de génération en génération jusqu'à ce qu'il y ait une personne qui ait assez son mot à dire ! D'une part, le cycle reste fermé tant que l'ignorance prévaut. Pour cette raison, des Africains ont été observés s'enfuyant de chez eux, imaginant que d'autres répareront eux-mêmes ce qu'ils devraient réparer. Le monde, ou plus précisément la terre, est une motte de poussière à partir de laquelle Dieu a créé les premiers humains. De plus, des événements d'autopsie ont montré que vous êtes formé par la poussière et que vous revenez à travers la poussière. En fait, j'explique ces choses pour que vous puissiez comprendre que tout ce qui a un début doit se terminer à un moment donné de la vie. Au commencement, Dieu créa les cieux et la terre (Genèse : 1 :1). Le monde est un monde où les tribus, les peuples, les langues, les races et les couleurs de toutes sortes vivent en harmonie ou en disharmonie dans des régions et des espaces qui représentent l'héritage que Dieu le Père Tout-Puissant a laissé après la création de l'humanité. C'est un agrégat qui existe. Remarquez qu'il y a 330 pays dans le monde dans cet ordre de pensée. Bien que le bilan des Nations Unies compte 197 États membres. Mais considérons que toutes les nations ont leurs origines sur la terre, tandis que la terre elle-même a ses origines en Dieu le Père Tout-Puissant. Selon les principes bibliques, l'orchestre de la vie sur terre. Tous les pays ont le droit de délimiter des frontières. Exercez vos droits de toute votre âme et conscience. Selon leurs cérémonies, coutumes, traditions et lois qui suivent les plus hauts commandements de la Bible, ils s'éloignent du vrai Dieu.

Tout d'abord, je voudrais dire à tous ceux qui ont l'opportunité ou la grâce de lire ce livre. Que mon pays est avant tout juste. De plus, rien ne peut être comparé à travers le monde. Quand Dieu a décidé de lui donner naissance, il a pris une feuille blanche, un crayon, une gomme et, le jour de la conception, s'est tenu à l'écart de toutes les distractions possibles et lui a donné une forme parfaite, une taille parfaite et des fesses parfaites. Aujourd'hui beaucoup maudissent, calomnient et condamnent la Terre qui vous a donné naissance lorsque vous n'étiez qu'une graine qui n'existait pas dans les corps poussiéreux de vos ancêtres. Sur les 20 ou 150 millions de spermatozoïdes qui ont été évoqués pour choisir où fusionner avec l'ovule de la mère lors d'une relation intime, les chances d'être choisi sont très faibles (aucune chance). Aujourd'hui, la terre que vous avez reniée, abandonné et abandonné vous accueille à bras ouverts avec des chants, des cris de joie, des louanges et même des larmes en signe d'action de grâce à Dieu le Père Tout-Puissant qui est ici. Des auteurs-compositeurs de toute la planète.

Genèse : 29.31

31 Lorsque l'Éternel vit que Léa n'était pas aimée, il donna des enfants à Rachel pendant qu'elle était stérile. Genèse : 30 :1-2 et 22-23

1 Lorsque Rachel vit qu'elle n'avait pas enfanté Jacob, elle fut jalouse de sa sœur et dit à son mari :

- Donnez-moi un enfant ou je mourrai.

2 _ Jacob s'est mis en colère contre elle et a dit :

- Suis-je à la place de Dieu ? - C'est lui qui t'empêche d'avoir des enfants !

22_ Alors Dieu a pris soin de Rachel et lui a répondu et lui a donné une chance d'avoir des enfants. 23_ Elle est tombée enceinte et a donné naissance à un fils… En fait, l'ignorance n'a pas de sens. De plus, il est privé de science, de connaissance, de cognition, d'intelligence et de sagesse. Par conséquent, il est facile de condamner, de juger et de se plaindre alors que l'ignorance reste inchangée. Avez-vous posé cette question : et si de tous ses 150 millions de spermatozoïdes, vous étiez le plus précieux aux yeux de Dieu ? Et les autres n'étaient-ils pas meilleurs que vous ? Un lieu de vie confortable, prévu par Dieu le Père Tout-Puissant et donné aux femmes. Qui est le Laboratoire de la Vie sur Terre ?

Alors d'où vient l'idée d'être meilleur pour les autres que pour soi-même ? Ou que le boyau américain vaut mieux que le boyau européen, ou que le boyau africain vaut plus que le boyau asiatique ?

C'est la pensée de l'immigration des gens de la terre. Parce qu'ils étaient confus par leur langue. C'est à cause du désir de faire ce qui est interdit. Par exemple, l'autre est de peu de valeur, l'autre reste un esclave, ou l'esclave suit et exécute l'autre, ou est puni. Avons-nous un maître ou une maîtresse dans notre jardin d'enfants qui tient un chicot à la main et corrige chaque erreur ? Qu'en est-il de Dieu si vous jouez ce rôle en tant qu'homme ? Encore une fois, quel que soit le pays d'origine, de naissance ou d'origine, les humains ne sont pas arrivés dans ce pays par hasard. Gloire à Dieu si tu es blanc Gloire à Dieu si tu es rouge Gloire à Dieu si tu es rouge Gloire à Dieu si tu es rouge Gloire à Dieu si tu es rouge Gloire à Dieu si tu es noir, et rends-lui Dieu la même gloire que tu es jaune. Parce que personne ne comprend pourquoi il est noir au lieu de jaune, ou pourquoi il est rouge au lieu de blanc, et est plus grand et mieux habillé qu'à juste titre. Sachant qu'il y a des choses auxquelles seul Dieu peut répondre, nous facilitons parfois notre travail en faisant des choses qui semblent faire preuve d'humilité. Dans ce contexte, je dirais que personne dans le ventre de sa mère n'a conscience de son sexe, de sa couleur de peau, de sa nationalité, voire de son continent d'origine, et finalement de sa famille d'origine : riche ou pauvre, je tiens à préciser que je n'ai pas Je ne sais même pas si j'étais dominant ou non.

Je veux nous demander, une femme ne peut-elle pas accoucher demain parce qu'elle est stérile aujourd'hui ? Est-ce la famille, le pays ou le continent qui provoque l'instabilité parmi les gens ? D'où vient cette logique, que nous prétendons souvent que d'autres le méritent plus que nous-mêmes ? Donc ce qui m'arrive est normal et on n'y peut rien. Au fait, avez-vous pu l'arranger en fonction de l'image ? Combien de fois votre estime de soi a-t-elle augmenté ? Que penserais-je de vous si vous ne pouviez pas comprendre par vous-même la créature merveilleuse que vous êtes, le pays brillant que vous êtes, le continent que vous enchantez, le peuple que vous chérissez, le peuple enchanté ?

De plus, l'apitoiement sur soi n'a jamais sauvé une personne, et un manque de confiance en soi n'a jamais déplacé une montagne. Et qu'en est-il du découragement et du découragement, le remède constant pour tous les peuples, nations et continents qui ignorent leur véritable identité ?

Genèse: 1:27-28

27. Dieu créa l'homme à sa ressemblance, oui, à la ressemblance de Dieu il créa l'homme. Dieu a créé des hommes et des femmes pour eux. 28. Dieu les bénira et dira :

- Procréer, multiplier, remplir la terre, dominer et dominer les poissons de la mer, les oiseaux du ciel, tous les reptiles et insectes.

Ensuite, vérifiez votre Bible pour voir si ce que je dis est vrai. J'ai sûrement une Bible différente de la vôtre. Il m'a été secrètement donné par les anges de Dieu le Père Tout-Puissant. Pour cette raison, vous n'aurez peut-être pas accès à ses informations comme moi. Mais ce que vous me dites n'est rien de plus que ce que vous avez déjà. Alors de qui parle-t-il ? A qui s'adressent ses propos ? Est-ce les poissons de la mer, les oiseaux du ciel, les reptiles rampant sur le sol ainsi que les insectes ? Des questions qui vous sont posées, des questions qui nous sont posées ? Que faire des informations divines que la Parole de Dieu nous donne en tant qu'uniques héritiers ? Par héritage terrestre, c'est une richesse acquise non par les décrets et les décrets des hommes ou des esprits, mais par Dieu le Père Tout-Puissant, Créateur et Propriétaire de toutes choses. Pour toutes ces raisons, il serait normal pour Dieu que ceux qui ont ces choses naissent misérables et meurent misérables, commencent pauvres et finissent pauvres, commencent ignorants et finissent ignorants.

Permettez-moi de dire juste une chose. Votre plus grand ennemi n'est pas l'homme ou les forces invisibles, mais votre ignorance. Qui sont les menaces les plus dangereuses au monde ? L'histoire sera donc pour nous la clé du salut. En raison de ce qu'il contient comme support et du contenu des informations supprimées une fois qu'elles sont apparues. Qu'il suffise de dire, à titre d'exemple, que le maître-mot de la souffrance que les humains vivent au quotidien est l'esclavage. Je vois l'esclavage comme un film d'horreur pour les Africains et une perte de mémoire de leur véritable identité. À un moment donné, c'est comme si c'était hier quand on parle des siècles passés qui devraient être des leçons pour nous aujourd'hui. L'ignorance a fait de nous des personnes contrôlées parce que nous sommes des hommes dominants, tout comme l'ignorance est un mauvais partenaire.

Ainsi nous perdons notre nature originelle. Il n'est donc pas surprenant que nos frères et sœurs soient dispersés dans le monde entier. Ils ont été simplement vendus par l'ignorance de nos ancêtres. Car même s'ils portent le titre d'Américain, d'Européen ou d'Asiatique, leur peau est la preuve qu'ils sont de purs Africains, et leur pays d'origine est dans l'ordre sacré car ils sont en Afrique, la terre de leurs pères, mères, sœurs et frères. Il a été sauvagement commercialisé comme une simple infusion. A priori, c'est une honte pour nous Africains de vendre leurs enfants, aujourd'hui fierté de leur nation et de leur nation, en captivité des richesses de l'humanité que Dieu nous a léguées.

Genèse: 25:29-34

29 Un jour, alors que Jacob préparait de la soupe, Esaü revint des
champs épuisés. 30. Il lui dit :

- Laisse-moi manger ce roux, ce roux ! je n'en peux plus !

- D'où le nom d'Edom (aux cheveux roux) qui lui a été donné. 31.
Mais Jacob lui dit :

- Alors vends-moi les droits du fils aîné aujourd'hui. 32. Esaü
répondit:

- Je vais mourir de faim, que dois-je faire de mon droit d'aînesse ?

33. Jacob a déclaré :

- Jurez et promettez immédiatement ! Esaü lui vendit son droit d'aînesse et prêta serment.

34 Puis Jacob lui servit du pain et de la soupe aux lentilles. Après avoir mangé et bu, Esaü se leva et partit. Par conséquent, Esaü a méprisé son droit d'aînesse.

Genèse: 27:26-27 et 34-38

26. Alors son père Isaac lui dit : « Mon fils, viens m'embrasser. 27. Jacob vint et l'embrassa. Isaac sentit ses vêtements. Puis il le félicite et dit...

34. Lorsqu'Ésaü entendit les paroles de son père, il cria d'un cri fort et amer à son père : " Père, bénis-moi aussi. " Et ôte ta bénédiction. »36 Esaü a dit : " M'va-t-il remplacé deux fois parce qu'ils l'ont appelé Jacob ? " J'ai juste volé le Et il dit : " Ne m'as-tu pas promis une bénédiction ? " comme serviteurs, et du grain et du vin. Fils, que puis-je faire ? 38. Esaü dit à son père : "Père, est-ce la seule bénédiction que tu aies ?" Bénis-moi aussi, Père ! Et Esaü éleva la voix et pleura.

Il n'est pas seulement son héritage, mais aussi sa bénédiction. Lorsque nous méprisons ce que nous avons, cela nous enlève. Nos ancêtres avaient la possibilité de les vendre, ainsi que de les garder. Si ses colons doivent commettre un génocide jusqu'à ce qu'il n'y ait plus d'Africains sur le globe entier, parce que nous refuserons de vendre les nôtres, tôt ou tard l'histoire déversera toutes les graines de leur dégoût. Mais, avec le plus grand regret, ils ont choisi de vendre ce qui était censé être proche d'eux. Alors débarrassez-vous de votre folle hypocrisie qui n'a jusqu'à présent rien fait pour le développement de l'Afrique.

Un Homme Responsable, une Nation Consciente, un Continent Humble ne se contentent pas de blâmer les autres en cachant leur côté sombre ce faisant. Ce qui est étrange, c'est de penser que je suis la seule personne au monde à devoir subir cette punition d'esclavage. Ce qui me brise le cœur car cela parle de mon histoire, de ma culture, de mes traditions, de choses qui ont été piétinées, méprisées et humiliées. Nous sommes traités si horriblement comme des êtres sans importance nés pour souffrir au point de nous comparer à des animaux. Ce n'est pas rebelle est un homme ? Correct ? Mais est-ce la seule histoire que nous aurons à laisser à nos enfants et petits-enfants ? NE SONT PAS ? Car l'Afrique c'est mieux que ça et surtout seul un affamé au langage malveillant pourrait le faire. Comme il n'avait pas de quoi nourrir ses enfants ou leur produire de la nourriture, il est venu nous demander du pain comme un mendiant au cœur amer et au cœur méchant. Est-ce la faute de l'Afrique d'être si généreuse, non ! Au contraire, alors que nous étions bien intentionnés avec eux, les laissant nourrir leurs familles avec nos richesses, les loups avaient une toute autre ambition, celle de s'emparer de tout le bras.

Alors quand tu cries dans les ruelles du monde en disant rends ce que tu as volé à l'Afrique, sous-entendant qu'il ne nous reste plus rien.

Mais vous savez que c'est mal, et que la guerre que vous menez est futile, car nous sommes ici au 21e siècle comme des folles qui errent en hurlant dans ses grandes villes. Pour beaucoup, ils vous nourrissent, vous logent, vous embauchent pour travailler, vous éduquent vous et vos enfants dans leur culture et leurs traditions. En tout cas, il ne faut pas nous prendre à la légère, surtout pas auprès des mendiants, pour nous et aujourd'hui nous considérer importants et abuser de notre orgueil.

L'Afrique a plutôt besoin de construire son continent, redorer l'image de sa patrie, faire rêver son peuple avec objectivité et efficacité dans le travail. S'il vous plaît, ne faites pas croire au monde que nous avons besoin d'aide pour construire notre continent. Si vous voulez protéger vos intérêts, faites-le en votre nom ou au nom des membres de votre famille. Parce que celui qui te détruit ne pourra jamais te reconstruire. Nous avons la crise matérielle, l'intellect, la créativité, le génie, l'innovation, la science et tout ce qui est à l'origine de l'infrastructure des hôpitaux, des hôtels, des aéroports, de nos ports, de nos routes, de nos chemins de fer. Nourrissons notre continent, en plus de les loger, de prendre soin d'eux, de les éduquer selon la parole de notre DIEU, qui n'a jamais dit de sa bouche que les hommes coucheront avec les hommes, et les femmes qui coucheront avec les femmes. Si vous aimez l'abomination de votre dieu, ce n'est pas notre cas car c'est un Saint et nous sommes à lui.

Troisièmement, Adam et Eve n'ont pas fui le pays où ils sont nés. Même ainsi, elle a été maudite pour eux. Mais, ils le cultivent plutôt pour manger ses fruits. Notre continent fait face à un exode rural extrême, en effet ils sont à la recherche d'une terre merveilleuse qui leur produise du lait et du miel en abondance. Qui n'est pas l'autre, où ils sont nés. C'est pourquoi beaucoup deviennent des pèlerins nageant dans des récipients abyssaux, sans savoir s'ils reverront un jour le soleil se lever. Parce qu'ils croient absolument qu'il n'y a rien en Afrique. Qui ouvrira nos yeux aveugles et déliera nos langues incertaines. Vous n'êtes pas fatigué de dormir ? Pourquoi fuyez-vous alors que vous êtes la solution de la patrie ? Les chaînes sont-elles si solides que vous ne pouvez pas vous en débarrasser ? Ou la prison est-elle si immense que votre cerveau n'a pas d'issue ? Je dois comprendre que beaucoup de gens se demandent pourquoi naissons-nous pauvres ? Oui parce que tu es le libérateur. Rien n'arrive dans la vie humaine par accident, Dieu a toujours un but. Par conséquent, la mort n'est pas la plus grande tragédie humaine, mais vivre sans but, sans but est la tragédie de l'homme. Avez-vous entendu ce que j'ai dit ? De plus, la force d'une nation n'est pas la richesse de son sous-sol. Mais d'un autre côté, la population y vit avec son intelligence et ses connaissances pour façonner ce qu'elle a entre les mains. Les humains sont les seules créatures capables de faire ce que les autres ne peuvent pas faire. La nature humaine nous enseigne que l'homme est un révolutionnaire et un transformiste, parce qu'il possède les réalisations de son créateur. Il s'agit de nourrir des idées et des projets que personne n'a encore réalisés pour les concrétiser. Vous n'êtes pas n'importe qui, vous êtes qui vous êtes, ce qui n'est pas né avant vous et ce qui ne naîtra pas après vous. Il n'y a qu'une seule version de vous et une seule copie de vous sur terre. Après vous, il n'y aura plus personne d'unique et comme vous. Alors ne soyez pas que des passagers sur terre qui viennent payer la facture et se contenter du boulot. Je suis excité, car je sais que des leaders de toutes sortes naîtront de ce livre, pour libérer leur potentiel caché. Car, la campagne est un jardin, et pour ceux qui ont un jardin sur leur propriété, ils savent que le jardin perd de son éclat quand personne ne s'en occupe ; et personne pour s'en occuper, alors il dégénère et dépérit. Non, car il entend ne plus vous faire sentir le parfum des plantes, ni admirer son potager ; mais la personne qui devait s'en occuper a disparu. Saviez-vous que le pays appelé les États-Unis d'Amérique n'a aucun pouvoir, aucune influence, sans les hommes et les femmes qui y vivent. Car la terre ne fournit que ce que ses habitants lui demandent de fournir. Si vous voulez que la nation soit forte et s'élève, alors elle naîtra. Elle se soumet à vous à la demande de DIEU, qui prétend nommer maître et domination...

Cependant, beaucoup de gens ont peur de prendre des risques dans la vie. Ou quand ils ne l'ont pas fait, ils pensent qu'il vaut mieux abandonner, faire demi-tour au lieu de croire en eux-mêmes. J'ai une question pour vous ? Que pensez-vous de vous-même ? Comptez-vous sur les autres pour savoir qui vous êtes ? Saviez-vous que même si des milliards de personnes dans le monde croient en vous, cela ne change rien si vous ne vous dévoilez pas ? Qui pensez-vous que vous êtes au-delà des opinions des autres ? Pourquoi, laissez-vous submerger par ce qui vous entoure. Sachez que c'est vous, et vous seul, qui êtes le premier à compter. Puis les autres sont venus plus tard. D'un autre côté, le temps est trop court et les générations passent comme des feuilles de papier volantes emportées par un vent violent pour faire place à une autre génération après vous. Ce que l'on regrettera d'un homme, c'est qu'il vienne sur terre et laisse sur terre une feuille blanche qui n'aura rien à dire sur lui. Où sont passés les hommes, les femmes, les jeunes, les adolescents, les enfants et les personnes âgées, qui veulent écrire une histoire qui laissera une marque que personne après vous ne pourra effacer ? Avez-vous donné tout ce qui est attendu ou attendu de vous ? N'y a-t-il plus rien au monde à apprendre ou à retenir de vous ? Oh mon beau jardin, tu pleures, car tes mangeoires partent vers un pays lointain. A la recherche du bonheur, vous n'avez plus en vous, le fruit, qui faisait plaisir à votre palais. Attirer les regards, et l'admiration. Qu'est-il arrivé à la nounou nationale ? Pourquoi votre peuple vous fuit-il ? Vous ne pouvez pas la nourrir ? Pourquoi, ce silence au milieu du toit où glissent des bras forts fait de vous le jardin le plus aimé des alentours. Ici, vous dépérissez et vos plantes meurent parce qu'il n'y a pas d'arroseur. Qui soulèvera vos ruines, et reconstruira votre empire, apportant avec vous une Histoire, une culture et des valeurs traditionnelles qui ont fait de vos fruits, les meilleurs fruits des régions, des continents et même du monde. Voici mon huile, il y a des décennies, vomissant constamment comme une femme enceinte, même si elle est à terme, elle n'a toujours pas accouché.

Votre Manganèse est la vierge noire inachevée renversant les prétendants à ses pieds, même si aucun d'eux ne veut de vous comme épouse. Votre forêt est une sagesse dont le mystère trouble les imbéciles et prive chacun de l'opportunité d'explorer. Votre dépôt de fer est le mur jamais construit dans ce monde aérien rempli de sommeil dans l'eau. Jardin, ton travail ne vaut-il pas mieux que dix mille vierges ? Comment concevoir que nous ayons toute cette richesse, mais que beaucoup ne s'intéressent qu'aux miettes ? Pourquoi êtes-vous né? Si quelque chose vous appartient, vous avez du mal à l'utiliser et à en faire du bien. Alors que ce pays devrait faire la carrière d'un milliardaire grâce à la richesse et à la diversité des ressources naturelles. Cependant, rappelons-nous qu'un mot enrichit et qu'une note appauvrit. Quoi qu'il en soit, il faut agir vite pour ne pas perdre de vue l'objectif. Etant donné que l'homme peut se découvrir et s'exprimer poétiquement, dynamiquement ou scientifiquement, la parole de DIEU nous dit qu'un chien vivant vaut mieux qu'un lion mort Église : 9.4. En effet, ceux qui persévéreront jusqu'au bout, croyant en leurs rêves, verront la lumière au fond du tunnel. Rêves pour les vivants. Alors celui qui arrête de rêver et pense qu'un jour changera le monde, sa place n'est pas parmi les vivants, mais parmi les morts, car seuls les morts ne rêvent plus. Malheureusement ; au fil des générations ; l'un après l'autre dans un pays, mais l'histoire leur demande quand a commencé le premier chapitre ? Beaucoup de gens aiment naître et prendre soin de leur petit peuple mais oublient qu'ils portent en eux des géants. Les gens n'attendent que d'être réveillés, sauf que le problème pour beaucoup est que nous croyons qu'ils se démarqueront. Laissez-moi vous dire, pour que les hommes vous croient, vous devez d'abord croire en vous-même.

De plus, il vous permet de protéger votre vision, même au péril de votre vie. Sinon, vous ne serez jamais vous-même. Mais vous êtes ce que les autres veulent que vous soyez. Et je peux vous assurer que c'est la mentalité qui ne développera jamais une nation. Car dans un lieu où la différence est vue comme une menace, ne rêvez jamais d'une étincelle de croissance. Cependant, dans nos pays, nous poussons les gens à être ce qu'ils ne sont pas en bloquant ou en étouffant le potentiel qui, autrement, servirait beaucoup de gens. Pour ceux qui sont mariés, pauvre de moi, je suis encore sur le banc de la vie de célibataire >. Mais néanmoins, je m'enregistre, a-t-il été prouvé que des familles ont prospéré et réussi là où DIEU Tout-Puissant a créé le ciel et la terre ? A priori, on a l'impression que le monde démarre plus vite d'un côté que de l'autre, comme si le temps était divisé en deux temps, par exemple le temps de la limace, 45 fois plus lent que le temps. Le temps de la tortue et le temps du léopard est le plus rapide, qui ne peut pas suivre même si vous êtes stimulé par l'esprit de la foudre. Autrement dit, l'Afrique traîne comme une limace peut-être pour obéir à ce dicton, ceux qui s'obstinent en sont sûrs, les autres sont des guépards qui chassent la lumière. Mais ce n'est pas vrai, car le temps est le patrimoine commun de tout être humain. Aucun pays ne dira qu'il n'a pas bénéficié de 24 heures comme les autres, depuis la création du monde. Si les pauvres continuent de se lamenter et que les riches se réjouissent, alors l'utilisation du temps n'est pas perdue. Même seconde, même heure, même jour, même semaine, même mois, même année et même décennie. Maintenant, tout dépend de l'usage que chacun en fait, pour la prospérité et la réputation de son peuple. Honnêtement, quelle raison trouvons-nous? Dire que si on est là c'est parce que la personne X a fait ceci ou cela. Gardez à l'esprit que les accusations, ou ailleurs, ont échoué parce qu'ils ont utilisé leurs différences pour s'améliorer. Par conséquent, un pays fonctionnant selon des vues ou des théories autoritaires, à partir d'une entité supérieure comme certains chefs d'État africains semble tout savoir, tout faire, alors que nous savons qu'aucun être humain sur terre n'est parfait, nous nous retrouverons à détruire à la place de bâtiment.

Un rêve doit être réalisé, une vision doit être réalisée, pourquoi êtes-vous né sans cela ? Parce que, beaucoup de gens justifient leur vie sur terre, comme une punition de DIEU, parce qu'ils n'ont pas obtenu ce qu'ils voulaient. DIEU ne fera absolument pas, ce qu'ils vous ont permis de faire, le simple fait est qu'il n'y a pas d'homme non officiel sur terre, pas même un homme né d'abus ou de coercition, mauvaise intention qui vient de son cœur se termine par une vie ou deux étant anéantie par ce péché. L'homme est l'image et la ressemblance de DIEU. Comment un père peut-il nier son image, et nier sa ressemblance, en effet on peut se demander, mais dans l'ensemble, c'est ce que nous avons comparé à ce que Dieu nous a accordé. En voyant la vie comme une erreur au lieu d'une bénédiction. De plus, le défi d'un homme ou d'une femme est de contribuer au développement de son pays. En valorisant les acquis, les qualités, les compétences et les savoir-faire professionnels, au-delà c'est l'amour du métier, la passion, le dévouement, le dévouement, l'honnêteté, l'intégrité et l'humilité. Cependant, il y a quelque chose d'inquiétant et je l'ai souligné plus tôt dans mon commentaire. Qui attend-on vraiment pour développer l'Afrique ? Jusqu'à ce que cette question soit répondue ? La meilleure chose à faire est d'attendre le retour de JÉSUS qui est allé faire un foyer pour tous ceux qui croient en Lui auprès de DIEU le Père. Car on a du mal à comprendre que 175 ans après l'esclavage, on attend toujours et on fait encore tout ce qui nous vient de l'extérieur.

Le plus délirant est que la Cour Pénale Internationale juge nos dirigeants, comme si en Afrique nous étions incompétents lorsque ses crimes ont perpétré notre pays. En général, nous n'avons jamais entendu dire qu'un chef d'État américain ou asiatique soit transféré du continent américain ou d'Asie, et soit jugé en Europe, comme s'il ne pouvait lui-même en faire autant. 1945 est considéré comme une année. L'obscurité pour un pays, et c'est le Japon. Qui, je crois, enseignera une leçon à toute l'humanité, qu'un homme peut se relever de ses ruines, quand il a une âme de fer, et qu'un chat n'est rien d'autre qu'une scène pour lui permettre de s'élever vers les hauteurs. De plus, d'ici 2022, elle sera la troisième plus grande économie du monde, dépassant certains pays qui doivent changer de nom comme l'Allemagne et l'Inde.

Par conséquent, rien n'est impossible pour un peuple qui a une vision et une destination. La vision qui permet à l'homme de ne pas tourner en rond détermine comment il naît, comment il vit et comment il doit mourir. Même Celui qui a créé l'homme, n'a pas fait cela, c'est pourquoi l'homme a le droit de choisir le mal ou le bien, la guerre ou la paix, le bonheur ou le malheur et l'amour ou la haine.

En fait, il n'a jamais été question de nous jusqu'à présent, car nous ne sommes qu'une copie légalisée de ce que sont les autres fonds. Et personne ne me dira le contraire, surtout nos industries, nos infrastructures, 90% de nos richesses ne nous appartiennent pas et la monnaie que nous utilisons en est témoin. Est-ce la prophétie de Noé ? Qui nous suit partout où vous asservirez vos frères ? Ou alors, on a tout simplement cessé de croire que l'Afrique, enfant légitime aussi de la Plainte, n'est pas toujours une solution absolue. Car, si le Japon regrettait son sort, il ne serait pas compté parmi les nations émergentes d'aujourd'hui. Je pense que tout a commencé par une vision, repartir de zéro malgré le chat. Et une volonté, d'aller au fond de leur vision. Je crois que les gens ont en eux le pouvoir de changer les choses. Vous pouvez avoir un mauvais départ dans la vie, mais tant que vous êtes en vie, vous pouvez toujours faire la différence. Alors seuls les hommes, les femmes et les jeunes ont besoin de ce renouveau. Sinon, peu importe ce que nous disons, peu importe ce que nous promettons, nous vivrons dans la même réalité et cela nous fera plus de mal que de bien. Remarquablement, lorsqu'un homme perd un être cher, son chagrin récent est différent de la douleur qui n'est venue que le renforcer.

Par conséquent, je ne soutiens pas un pays qui soumet son peuple à une lourde peine, qui est de vivre sans but. En valorisant la main-d'œuvre extérieure, au détriment de la main-d'œuvre locale, ce sont des fléaux toxiques persistants et un préjudice grave pour un pays en voie de développement. Pire encore, force est de constater qu'il existe un certain déséquilibre dans la formation des futurs cadres du pays. Il faut dire tout d'abord que nous prônons une éducation solide et efficace, où les modules d'apprentissage et d'initiation sont combinés avec le bon matériel qui répond aux nouvelles technologies. Cela contribuera à éveiller le génie des élèves, en particulier des collégiens et lycéens et des élèves encore assis à l'école.

De plus, nous célébrons le dynamisme d'une nation qui valorise la formation professionnelle, pour faire entrer ceux qui ont renoncé à la rotation constante dans le monde du travail. Cependant, la formation professionnelle, à finalité unique, est limitée à une durée bien déterminée pour les techniciens formés et les techniciens supérieurs 3+2. Cependant, un pays a besoin d'ingénieurs qualifiés pour la main-d'œuvre locale afin de réduire la forte proportion de travailleurs étrangers. Qui parfois ne fait pas le travail, comme il se doit. Le criminel devant sa victime fait disparaître la loi. Car la loi n'intervient que lorsque le crime a été commis. Par conséquent, la force de la loi, c'est quand l'homme est faible, et la force de l'homme, c'est quand la loi est faible. Une personne a commis un meurtre, et la loi n'a aucune preuve, alors la loi est faible pour cette personne.

D'autre part, si la loi a des preuves, la loi sera forte contre ces dernières. La société dans laquelle nous vivons a un si long bras, contournant légèrement la loi et sapant le développement du pays. En restreignant les infrastructures scolaires, hospitalières, sociales, économiques et politiques en falsifiant des documents juridiques à leur discrétion. Pour comprendre ses actions, il faut d'abord se poser la question ? Avons-nous des dirigeants au sommet de nos nations ou des imposteurs à la recherche d'un ego démesuré ? En effet, un leader ne se définit pas par le poste ou le poste qu'il occupe. C'est plutôt à cause de la vision, de la transmission et de l'impact qu'elle libère.

Prenons le cas de JÉSUS-CHRIST, Il est mon leader exceptionnel. Car il n'a jamais failli, dans aucun domaine de la vie, quand on fait appel à lui. Les dirigeants ne sont pas ceux qui prennent du poids, ne vous inquiétez pas pour les personnes qu'ils dirigent qui perdent du poids. Pour beaucoup de gens, un leader est quelqu'un qui a assez d'argent. Dans ce document, son aspiration à une voix est comblée par le pouvoir de l'argent et non par le pouvoir transformateur de son cœur. Mais de telles personnes ne peuvent pas être qualifiées de leaders. Parce que leur langage et leur vision contredisent leur leadership. Et, pour quoi, ils ne veulent pas qu'on le dise, ils l'ont mal fait. C'est comme une insulte à leur perfection, donc ils font toujours bien et ça ne change pas. Par exemple, si nous rêvons de devenir véritablement un pays développé, nous devons inculquer l'enseignement technique dès le plus jeune âge. Notamment dans les écoles élémentaires, collèges et lycées. Pour ne pas finir par apprivoiser les collégiens, comme s'ils étaient des animaux qui dévorent tout. Les personnes qui ne sont pas des leaders trouveront des moyens d'apprivoiser les autres, de les laisser les suivre. Par exemple, le diable est l'auteur de la haine, de la division, de la guerre, de la jalousie, du meurtre, de l'ignorance, de la maladie, de la pauvreté, de la souffrance, du malheur, de l'incertitude, de la magie, de la corruption, de l'injustice et de choses similaires.

Par exemple, le diable est l'auteur de la haine, de la division, de la guerre, de la jalousie, du meurtre, de l'ignorance, de la maladie, de la pauvreté, de la souffrance, du malheur, de l'incertitude, de la magie, de la corruption, de l'injustice et de choses similaires.

1. Première question : qu'avons-nous fait jusqu'à présent ?
2. Deuxième question : bilan favorable ou défavorable ?

3. La troisième question : que voulons-nous léguer aux générations futures ?

On voit que plus le monde se développe, plus l'Afrique court. Fatigué de mon Phi, fatigué de mon Phi sur le chemin de la vie. Bagages sur la tête, chaussures aux pieds, chercher quelqu'un pour vous aider, histoire de ne pas tomber en panne. Voilà tu as passé l'Europe, tout content dans ta voiture, à toute vitesse, jetant un morceau de pain sur mon chemin, ce qui ne semble pas étancher ma faim, ni m'aider où aller. Voilà, toute l'Amérique s'amusant Dans les airs, monter dans ton avion, balancer une cruche d'eau, ne semble pas étancher ma soif, et me satisfaire là où je vais. Tu es Asia, toute souriante dans l'eau, dans ton bateau, jetant une pièce d'argent sur ma route, cela ne semble pas me soulager là où je vais. Je suis l'avenir de mon peuple, le pourvoyeur de ma tribu, le guerrier de mon territoire et la plante médicinale de ma race. De plus, plus personne ne peut nourrir mon continent, comme je le dois. Mon bagage est une richesse inépuisable que seuls mes héritiers peuvent posséder jusqu'à la millième génération. Et mes chaussures, la couverture de mes héritiers, résistent aux fausses doctrines et aux insultes au vrai DIEU. Au loin, des mensonges, des agents du diable qui croient contrôler le vent et le silence. J'aime ce paragraphe, il dit que tout a son temps, il y a un temps pour être esclave et un temps pour être libre. Et toute liberté, ne partant jamais courir après un autre esclavage. Conduisez si vite, conduisez si vite et naviguez si vite, mais la première fois sera la dernière.

Une mine d'or, le sommeil n'a aucune valeur. En effet, la mine elle-même n'a aucune valeur sans or, et l'or ne doit pas être fourni sans mine. Les deux sont nécessaires en même temps pour construire une formule moléculaire puissante, efficace et fiable pour le corps.

Le territoire de l'Afrique n'est rien sans sa population, et la population n'est rien sans son territoire. Le principe du corps dit que lorsqu'un cœur cesse de battre, il contient 10% de vie et 90% de mort, d'où le terme, il se situe entre la vie et la mort. Pour tous nos grands chercheurs, médecins, philosophes, historiens, universitaires et génies, vous ne possédez rien dont vous êtes l'auteur. De même, aucune des personnes qui vous les ont enseignées n'était comme ça. Tu sais pourquoi ? Car, tu as été sperme, noyau, ambre, fœtus, bébé, enfant, jeune homme, jeune homme et homme. Sans ce processus, toute cette matière grise, que vous avez aujourd'hui, vous ne l'auriez certainement pas. Vous voilà, avec votre doctorat, votre approbation, mais on s'étonne que ce soit l'Europe, l'Amérique et l'Asie qui aient fait le travail pour vous et l'aient fait mieux que vous. Si nous ne vous l'avons pas encore dit, laissez-moi être le premier à vous le dire. Comme le dit mon conjoint, si je ne vous le dis pas, dirigez-moi vers qui je veux. Vous convenez avec moi que tous les grands projets en Afrique, au-delà de la science de vos doctorats, sont portés par des Asiatiques, des Américains et des Européens. Cependant, je veux réveiller l'or que vous avez, dans votre mine. Car personne ne connaît mieux le mien que l'or. Vu la vitesse à laquelle les choses avancent, on se demande si les Noirs en général connaîtront un jour la croissance. Beaucoup, la plupart des choses que nous appliquons chez nous, nous venons d'ailleurs. Pas étonnant que nous soyons en retard. Cependant, être en retard ne signifie pas être le dernier.

C'était donc une occasion pour l'intelligentsia, l'Africaine, de sortir la race noire de la honte, qui semble aujourd'hui interminable. Surtout avec l'avènement des réseaux sociaux nuisibles comme le tik-tok. Du coup, nos générations, deviennent vulgaires et ont une mauvaise gestion du temps. De plus, cela a des conséquences graves sur la vie professionnelle, dans la mesure où les gens vivent de plus en plus virtuels sans se rendre compte que cela détruit leur vie communautaire ? En effet, la modernité est essentielle, pour réussir nos challenges. Par exemple, arrêtez de vous comparer aux autres et faites ce qui nous est propre. Cela nous évitera de contraindre notre population à se conformer à des cahiers des charges copiés d'un continent à l'autre sans tenir compte des réalités différentes. Le site ne semble pas petit et c'est la première chose que nous devons partager avec nos gens. Alors ils rejoignent, avec la vision réaliste de nos dirigeants, qui sont francs et directs sur place, cela doit se faire à tous les niveaux. Commencez par mettre le bonheur des gens au centre de tout. A cause du retard de notre Afrique, c'est la gourmandise de nos dirigeants qui pensent à leur propre intérêt plutôt qu'à l'intérêt du peuple. Je crois que c'est un fléau qu'il faut éradiquer en sensibilisant, du préscolaire au collège, que diriger ne veut pas forcément dire prendre le pouvoir. Le bec représente notre corps, et l'or représente notre génie, notre créativité, notre sagesse et notre savoir-faire. Qui nous rend aptes à inventer toutes sortes de travaux, selon leur modèle et leur complexité. Comme je l'ai dit plus haut, la population est le moteur du développement, sans une population dynamique, le pays décline. Et nos gouvernements, seront réformés beau-frère, après réforme, ça n'y changera rien, tant que le chômage sévit, et que le cerveau des gens est en mode stop au lieu d'être allumé. Ce qui cause souvent ce problème est une mauvaise gestion par les gens. Parce qu'ils nous facilitent la gestion des structures, des bâtiments et d'autres choses. Mais quand il s'agit de l'homme, la tâche ne semble pas toujours facile, surtout quand ses intérêts ne sont pas pris en compte comme il se doit. Sur le plan social on se fout de lui, tout comme sur le plan scolaire on méprise son avenir, de plus sur le plan économique il ne reçoit que des miettes et sur le plan politique, sa voix n'a jamais été prise au sérieux.

Les gens doivent mieux vivre, rendre leur environnement plus beau et plus rayonnant. Il faut arrêter de marginaliser nos semblables quel que soit leur statut social, leur niveau d'éducation ou leur origine comme premier signe d'exclusion pour toute personne qui n'est pas née dans une famille bourgeoise comme les autres. Car cette façon de travailler a plongé notre continent dans un état de misère, de souffrance et d'angoisse dont il est aujourd'hui difficile de sortir. Oui, l'Afrique se meurt, comme ses enfants meurent asphyxiés dans des containers, pour fuir la terre qui les a fait naître. De plus, l'Afrique se meurt en sombrant, et les réformes mises en œuvre par ses dirigeants n'y sont pour rien. Vous vivez bien dans votre palais, vos enfants ne connaissent ni la souffrance ni la précarité. Vous vous précipitez, pour accéder au pouvoir, sans l'amour d'un leader prêt à se sacrifier pour son peuple. Comme cet homme mourant, que nous connaissons tous sous le nom de Nelson Mandela, qui aimait son peuple plus que tout et refusait d'être corrompu pour la liberté de sa nation.

Ce dont nous avons besoin, à tout prix maintenant, c'est de convaincre les Africains que leur patrie est meilleure que d'autres endroits. Et qu'ils ne soient plus obligés de mettre en danger leur vie ou celle de leurs enfants en mer, en leur offrant les conditions de vie dont ils ont simplement besoin en tant que citoyens africains. Donc, la participation de notre intelligentsia pour prendre leur responsabilité à portée de main, car ils seront toujours critiqués, cependant les conditions restent les mêmes. Il faut revisiter notre urbanisation, qui aujourd'hui est comme une poubelle urbaine (l'anarchie). Cela contribue non pas au développement, mais au sous-développement de nos nations. De plus, de nouvelles réformes de décentralisation ont commencé, de sorte que tout n'est plus centralisé en un seul endroit (la capitale). Et arrêtez de traiter les autres parties du pays, en un mot, comme des villages. Car, sans résoudre ce problème, notre capitale dans les années à venir sera désordonnée, il n'y aura pas de place pour tout le monde. Donc, le travail que nous devons faire, c'est d'aller développer nos autres pays. Donner à chaque citoyen du pays le confort dont il a besoin, limiter l'exode rural.

Tout en respectant les responsabilités attribuées, à chacun dans une hiérarchie, pour bien organiser et bien diriger la nation. Le conflit n'est pas adapté à un pays, je ne sais pas si vous l'avez remarqué, on nous a accordé une liberté temporaire en Afrique. C'est pourquoi il est si difficile d'être indépendant. Je ne sais combien de fois, je dirai ici, j'étouffe même, uniquement des Africains, pour résoudre le problème africain. Puisque seuls les Européens, pour fixer l'Europe. Alors, que faire pour que ce géant africain se réveille du coma ? Simplement fermé, aux mains étrangères, à tous les marchés africains. Encourager, les mains locales, à devenir un leader, de son propre marché en Afrique. Développer le continent plus vite et plus durablement. Et pour cela, il faut arrêter de croire que c'est l'Europe, l'Amérique ou l'Asie qui peuvent mieux extraire le pétrole, le gaz ou les minerais, au détriment des Africains eux-mêmes, le créateur du ciel et de la terre. C'était comme si un père donnait son héritage à un étranger au lieu de son propre enfant.

Cependant, nous savons tous que les Chinois ne fourniront jamais leur pétrole ou leur gaz aux Américains, ni plus encore leurs minerais aux Européens. Pour une entreprise africaine, pour la diriger, tant qu'elle est encore en vie. Cependant, en bons samaritains, nous leur avons tout donné. Qu'ils fassent ce qu'ils veulent, le plus grave c'est qu'ils nous vendent à bas prix, notre propre richesse est deux ou trois fois plus chère. Voici, Seigneur, libère-nous vraiment de l'ignorance. Leader africain, pouvez-vous nous expliquer pourquoi les Africains apprennent ? De plus, avant cela, leur héritage était liquidé, comme une marchandise, sans valeur.

Pouvez-vous nous dire ce que vous attendez pour l'avenir des futures générations africaines ? Plus que cela, enrichissez-vous consciemment vos descendants asiatiques, américains et européens en appauvrissant vos propres enfants et petits-enfants en laissant leurs pères exploiter nos sous-sols à tout bout de champ ? A votre avis, ce n'est pas la même chose que l'esclavage moderne ? Parmi eux, nos ancêtres, qui nous dirigent aujourd'hui, sont les premiers responsables. Parce que c'est vous, et seulement vous, qui l'avez signé. Ne pensez pas que cela aura des conséquences, dans les années à venir, pour les générations futures qui mendieront du pain, sur leur propre terre. Parce que, tu es notre père, tu prends de mauvaises décisions. Le pire, c'est que vous ne serez pas là lorsque vos petits-enfants asiatiques, américains et européens viendront réclamer ce que vous avez vendu à leur arrière-grand-père. Et à la fin, toute une génération paiera pour ses erreurs.

Cependant, rien n'est encore perdu, car un homme peut refaire un testament plusieurs fois, de son vivant, pour le bénéfice de son peuple. La richesse dont l'Amérique discute avec l'Asie, ou l'Asie avec l'Europe, est la nôtre. Nous avons plein, non partagé, ce qui nous appartient et même la plus grande cour de justice du monde ne nous dira pas le contraire. Laissez-nous ce qui est à nous, comme vos ancêtres vous ont laissé ce qui était à vous de leur vivant. Je ne connais pas, ne serait-ce qu'en Afrique, ce phénomène de parents qui, après avoir servi sur terre, oublient de laisser leur héritage à leurs enfants. Ou de leur vivant, ils n'envisagent pas de laisser un héritage à leurs enfants. Ce qui m'amène à la vraie vérité, si l'Afrique est ce qu'elle est aujourd'hui, c'est parce que dès le départ nous n'avons pas su transmettre l'héritage des pères à nos fils. Et nous sommes surpris que l'Asie, l'Amérique et l'Europe soient en tête du savoir. En fait, ils viennent de postuler, le prince de l'héritage. Car ils ont compris qu'un peuple, sans héritage, resterait ignorant, pauvre, misérable et esclave. Alors que faut-il faire, que les choses s'orientent, pour l'amener à bonne destination Amen.

PRIÈRE POUR TOUS LES PAYS AFRICAINS

Vous êtes né pour attirer l'attention, ce n'est pas sans raison que votre continent est le plus recherché. Parce que la parole de DIEU est si vraie en elle-même qu'elle ne peut se contredire. Parce que les premiers seront les derniers, et les derniers seront les premiers. Car il fut un temps où l'empire d'Egypte, le plus puissant du monde, puis d'Afrique, survolait le toit du monde. Nous avons des autels, même au point où nous avons nourri les Israélites, le peuple du Dieu vivant, au temps de la famine. Qui à cette époque a affaibli toutes les puissances de la terre. Dans ce document, le seul moyen de s'approvisionner est en Afrique. Maintenant, en peu de temps, nous avons perdu pied. Cependant, le cycle revient à sa source d'origine. Parmi eux, il ne sera plus jamais perdu. L'AFRIQUE berceau de l'humanité, tes seins remplis de lait et de miel, nourrissent le monde, à travers la richesse et la diversité de ton sous-sol. Je prie DIEU, le Souverain des Alliances, de vous aider à surmonter la situation qui n'est pas facile à résoudre du tout ? Est-ce que les frontières de l'ignorance, enracinées dans la culture africaine ? Cette connaissance doit être transmise de grand-père à père, de père en fils, de génération en génération. Premièrement, si un système est conçu par des humains, programmé ou non, intégré ou décomposé, installé ou désinstallé, tout comme nous, en tant qu'humains, pouvons tout refaire. Partir du début, c'est toucher les peuples d'Afrique. De l'importance de laisser un héritage à leurs enfants et à leurs descendants, pour la millième génération, pour continuer le chef-d'œuvre que vous avez commencé. C'est-à-dire qu'ils sont un continuum dans votre pensée et votre vision, qui leur est propre, selon la réalité de leur siècle.

Le manque de patrimoine fait de nous un peuple sans lieu. Nous ne savons pas d'où nous venons, nous ne savons pas où nous allons. C'est pourquoi on voit que l'Afrique attend toujours des choses des autres continents. En particulier, sur les plans technologique, infrastructurel, médical, alimentaire et militaire. Un jour viendra où ses continents fermeront leurs vannes à lait et à miel. Cependant, nous espérons sincèrement que tous nos dirigeants ont définitivement un plan B. Sinon, ce sont les gens qui vous sourient aujourd'hui qui vous sortiront de la route demain, pour vous forcer à prendre vos responsabilités. Parce qu'aucun homme n'est invincible sur terre (prenez Nabuchodonosor par exemple, il en sait quelque chose.). Un père ne devrait jamais compter sur la récolte de quelqu'un d'autre pour nourrir sa famille, c'est une preuve d'immaturité. Et sans le savoir, il a indirectement mis sa famille sous le contrôle de quelqu'un d'autre qui a le droit de veto.

Cependant, s'il veut qu'ils soient privés, à propos de quoi que ce soit, il le fera sans problème (blé). Revoyons nos agendas politiques pendant qu'il est encore temps. Et trouvons les voies et moyens, en connectant toute l'Afrique, avec des infrastructures routières, de pôle en pôle, pour permettre aux marchés africains de nourrir leurs propres populations. Ce qui a autrefois rendu notre continent si fragile, c'est notre manque d'ambition à son égard. En commençant par les plus grands pays et en terminant par les plus petits pays d'Afrique. Ce continent sera rempli d'innombrables problèmes affectant le bien-être des gens. Parmi eux, la classe moyenne est la plus touchée. On se demande parfois quelle est la véritable cause de ce fléau séculaire. Après tout, la Bible dit que tout a un temps. Un temps pour pleurer, et un temps pour se réjouir. Je crois que mon siècle est propice à redonner vie au continent africain. Nous pouvons vaincre notre héros pour sauver l'Afrique. Pour lui donner la plus grande puissance militaire du monde, pour s'appuyer sur le sol fertile qu'il détient, pour s'occuper de sa propre maison. De même, être le plus grand producteur mondial, avec des sols diversifiés et fertiles, ne peut être trouvé nulle part ailleurs.

Au final, rien n'est impossible à l'homme noir, tant que le SEIGNEUR JÉSUS est dans sa barque, et le soutient. Le seul souverain sacrificateur, d'une stature plus remarquable que Melchisédech. A toi, créateur de toute vie, au ciel comme sur la terre. Vous êtes l'architecte de la construction la plus parfaite, dont la galaxie entière est votre héritage. De plus, vous êtes le fournisseur des cinq éléments, gouvernant le pouvoir des gens. Surtout l'air, la terre, le feu, l'eau et l'éther sont les garants de l'univers galactique. De même, d'innombrables planètes, qui sont des barres, sont conçues par vous. Se prosterner, devant le bâton très haut que vous avez. Ainsi, les êtres invisibles et visibles fusionnent pour réaliser votre pouvoir. Parce que vous êtes le seul chef d'orchestre de cœur de l'orchestre, que vous seul pouvez diriger. Par consensus, l'Afrique vous donne votre premier enfant. Qui n'est rien d'autre que sa personne, et celle qui te prouve son amour, en te loyauté pour toujours.

GABON : Votre terre ne pourrira plus jamais. Les imbéciles, les meurtriers et les prostituées se convertiront et changeront leur vie. Les ténèbres disparaîtront, révélant la lumière dans les 9 provinces. Les pauvres seront accueillis avec joie, les nécessiteux auront un endroit où dormir, les étrangers seront traités avec respect et respect, les veuves et les orphelins auront un héritage permanent parmi leur peuple. Il n'y aura pas de différence entre les pauvres et les riches, car l'ignorance sera bannie entre les toits. Votre puits d'or noir ne s'épuisera jamais. Votre forêt est comme un grain de sable, incommensurable. Ta mine, comme un royaume construit, souterrain, ne connaît pas de défaite. Votre peuple fait partie des personnes les plus riches de la planète. Avec leur esprit et leur intelligence, ils peuvent recréer des choses qui semblent impossibles à quiconque. Votre chef, respecté comme le chef du pays, par l'exemple de se sacrifier pour le bien de la Nation. Premièrement, le GABON est l'héritage de la parfaite harmonie, en JÉSUS-CHRIST notre Seigneur et Sauveur pour tous, transmis de génération en génération Amen.

SÉNÉGAL : Votre bravoure, votre héroïne et votre savoir sont les fruits que seul votre arbre peut produire.

RÉPUBLIQUE DÉMOCRATIQUE DU CONGO : Votre maison est le palais de DIEU sur terre.

CAMEROUN : ton cri est comme un lion affamé terrorisant la faune et la flore.

GUINÉE ÉQUATORIALE : vous volez comme un aigle, en grandissant pour prendre l'avantage sur vos adversaires.

ANGOLA : votre porte brille, à l'entrée de la ville et vos murs sont un passe-temps. SOUDAN : votre bouclier d'or fait de vous un guerrier, pas d'autel.

EGYPTE : La couronne est votre légitimité, et le sceptre est votre pouvoir.

NAMIBIE : Vos rivages sont le lieu de repos de vos frères. ÉTHIOPIE : l'épée de votre main, tuant à elle seule d'innombrables ennemis.

BÉNIN : la puissance du mal fuit devant l'immortalité de tes soldats.

MALI : ton bras est si fort que tu peux écraser le fer et le métal avec tes mains.

TOGO : tu es aussi vif qu'un jaguar, et aussi agile qu'une antilope, tu es dodu et impénétrable.

Côte d'Ivoire : vos yeux sont comme des faucons, à travers lesquels vous voyez à travers les mondes surnaturels et mondains avec votre regard.

GHANA : la fertilité de ta terre, remplissant le grenier du continent.

BOTSWANA : Votre maison est le temple de la connaissance, le lieu de rencontre des grands sages du monde.

CENTRAFRIQUE : vous êtes l'épine dorsale du bijou le plus convoité au monde. ZAMBIE : le mystère de ta connaissance, attirant vers toi les peuples de la terre.

TUNISIE : Vous êtes un vent impulsif qui ravage les imbéciles.

TCHAD : vos serpents du désert et vos scorpions repoussent la corruption.

CAP VERT : les vignes les plus explorées de votre domaine sur terre.

MOZAMBIQUE : votre parfum floral vous enivre de savoir-faire artisanal, sachez-le.

MAURITANIE : les arbres sur vos terres sont une garantie pour les agriculteurs.

MAROC : votre cycle de marée irrégulier est un piège à imposteurs.

TANZANIE : la rage de ta main est terrible pour le voler.

GUINÉE : sur les traces de tes fils qui ont conquis la terre.

SAO-TOME-ET-PRINCIPE : votre navire, au large, est une prison pour pirates.

NAM SOUDAN : la dureté de tes lèvres, affranchissant de ton joug.

BURUNDI : courez avec vous et attendez-vous à perdre le premier.

BURKINA FASO : Le succès est la racine, l'ancêtre des enfants.

RÉPUBLIQUE DU CONGO : L'aube s'approche de votre tente à pas de géant, et l'enfer s'enfuit de peur d'être brûlé.

COMORES : Le nuage de Dieu est brume pour tout espion convoitant votre terre. GUINÉE BISSAU : vos dents sont comme des dents d'alligator, vos concurrents ont réfléchi sept (7) fois avant de s'aventurer dans vos eaux stagnantes.

ZIMBABWE : votre vitesse en mer est directement proportionnelle à la vitesse du voilier qui traverse le filet de n'importe quel pêcheur.

SOMALIE : Dès ta naissance, tu es né, avec des armes enflammées dans les mains, pour repousser les forces du mal.

SIERRA LEONE : Une tornade est une terreur pour les autres, mais un ami fidèle qui veille sur vous.

SEYCHELLES : votre amour est un arc-en-ciel. Cependant, la femme reste votre seule conquête.

ESWATINI : Vous êtes un château aux murs impénétrables.

MAURICE : Tu es un feu qui se propage par le soufre de ta colère. En laissant le sandre de votre ennemi au sol.

MALAWI : vous êtes la base militaire du royaume, qui n'a pas de quartier général sur terre.

MADAGASCAR : Dieu lui-même interviendra, pour sauver votre nation. Et vous ne serez plus jamais sans pain ni eau.

ÉRYTHRÉE : Tout a une fin, même la souffrance. Je déclare que votre fils ne mendiera plus de pain à la maison. DJIBOUTI : vous êtes un navire, le naviguant par la pression du vent en pleine mer, pour sauver son équipage.

KENYA : Vos pieds sont endurants, renforcent votre cœur, pour attendre les promesses de Dieu, pour le pays.

NIGER : Pleure, car ton deuil est terminé. Votre jour de joie est enfin arrivé.

ALGÉRIE : les morts sont enfin morts. Béni soit ton Dieu, qui produit la semence vivante, pour le salut de ta descendance.

TUNISIE : la lumière brillera pour vous. Et tu gardes ton témoignage dans la maison de ton frère.

OUGANDA : Une pluie d'étoiles descend près de vous, dirigée par les descendants d'Isaiah. Parce qu'il a attendu, le cri que tu lui as dit.

RWANDA : Votre histoire et vos expériences sont des leçons de vie pour tout le monde.

GAMBIE : Votre crainte de DIEU est le repos que vous obtenez de Lui.

AFRIQUE DU SUD : DIEU t'a fait visiter son trône, pour amener tes frères à prier.

LESOTHO : radieuse est ta ville, belle est ta ville. Pour le roi des nations, révèle sa beauté, parmi les toits. LIBÉRIA : La clé pour se débarrasser de vous est entre les mains de quelqu'un qui peut ouvrir le livre et briser son sceau.

LIBYE : la porte de la vérité, et l'entrée du palais royal, est devant votre cœur.

NIGÉRIA : Dieu vous a rendu aussi nombreux que les sables de la mer, afin que vous puissiez garder les frontières de vos frères contre les forces du mal.

L'histoire humaine retiendra qu'il y avait sur terre un père qui avait 55 fils. Et chaque fils, formant une tribu, selon la terre laissée par leur père. Qui est au ciel, pour que personne ne nous pointe du doigt. Comment, ton père, est irresponsable, parce qu'il n'a pas pensé, tu laisses un héritage. Maintenant que nous avons un héritage, qu'allons-nous en faire ? Aujourd'hui, nous sommes plus expérimentés dans la destruction de notre patrimoine que dans sa préservation pour les générations futures. Nous ne nous soucions plus, quelle position restera, quand nous mourrons. Au lieu de réfléchir, comment faire avancer nos pays ? Arrêtez de croire que c'est en allant vivre dans un pays étranger qu'un problème séculaire en Afrique trouvera son chemin à travers votre fuite. Soyons un peu fiers, l'Europe n'est pas chez nous, l'Amérique non, l'Asie non. Car, à leurs yeux, nous sommes perçus comme irresponsables, par rapport aux humains. Nous tuons le temps, geignons, donnez-nous ceci, donnez-nous cela. À un moment donné, vous avez fait honte à la communauté africaine. Avez-vous déjà vu des communautés européennes, américaines et asiatiques pleurnicher devant leurs ambassades en Afrique ? NE SONT PAS ! Et nous savons tous que les vêtements sales doivent être lavés à la maison. Et allons plus loin, les Africains, qui quittent leurs foyers, deviennent vagabonds, prostitués, mendiants et meurent de faim à l'étranger. Certains disent même hardiment qu'il préfère la condition de retourner en Afrique.

Laissez-moi vous dire, avez-vous tous besoin d'un sauvetage total ? Parce que c'est inhabituel, ce que vous dites. Et vous êtes la risée du continent. Un bon enfant, lorsqu'il se fait virer de la maison par un voisin, il rentre tranquillement chez lui, pour montrer aux voisins que moi aussi j'ai une maison dans laquelle je ne manque de rien. Je veux clarifier un passage de l'Ecriture. Avant de conclure, la pensée m'anime, pour le bien de mon continent. Parce que je faisais partie de ceux qui allaient à l'école chez les Chinois, etc. Arrêtez-vous pour construire pour nous. Comme ça, nous n'avions pas les compétences pour le faire. C'est le PSAUME 2V8. 8. Demandez-moi, et je vous donnerai des nations pour votre héritage, et les extrémités de la terre pour votre possession ;

Beaucoup de gens l'utilisent pour fuir leur pays. Alors que ceci s'adresse à toute personne intéressée à répandre l'évangile de la foi, par notre Seigneur et Sauveur JÉSUS-CHRIST DE NAZARETH.

Pour faire connaître, le vrai DIEU, aux nations et jusqu'aux extrémités, la terre Amen.

L'Afrique a besoin d'un nouveau type de leaders pour engager sa transformation structurelle et notamment faire face aux défis de sécurité alimentaire, de démographie, de développement durable et de services sociaux que sont l'éducation, la santé et l'accès à l'eau et à l'assainissement.

La grâce est l'aide et la force divines que nous recevons par l'expiation de Jésus-Christ. Par la grâce, nous sommes sauvés du péché et de la mort. De plus, la grâce est un pouvoir habilitant qui nous fortifie de jour en jour et nous aide à persévérer jusqu'à la fin.

yes

I want morebooks!

Buy your books fast and straightforward online - at one of world's fastest growing online book stores! Environmentally sound due to Print-on-Demand technologies.

Buy your books online at
www.morebooks.shop

Achetez vos livres en ligne, vite et bien, sur l'une des librairies en ligne les plus performantes au monde!
En protégeant nos ressources et notre environnement grâce à l'impression à la demande.

La librairie en ligne pour acheter plus vite
www.morebooks.shop

MIX
Papier aus verantwortungsvollen Quellen
Paper from responsible sources
FSC® C105338

Printed by Books on Demand GmbH, Norderstedt / Germany